이럴 땐
어떻게 말할까?

글 김은의

책을 읽고 글을 쓸 때가 가장 행복하다고 합니다.
《대단한 초능력》과 《특별 초대》로 푸른문학상을, 《놀이의 영웅》으로 송순문학상을 받았습니다. 동화 작가가 모여 만든 '날개달린연필'에서 기획한 《명탐정, 세계 기록 유산을 구하라!》로 '창비좋은어린이책' 기획 부문 대상을 받았습니다. 그동안 쓴 작품으로 《상상력 천재 기찬이》《비굴이 아니라 굴비옵니다》《콩만이는 못 말려!》《웃음꽃이 핀 우리 문화유산》《깜깜 마녀는 안전을 너무 몰라》《달라도 너무 다른 쌍둥이》 등이 있습니다.

그림 신민재

홍익대학교에서 회화와 디자인을 공부하고 지금은 어린이 그림책에 푹 빠져 있습니다.
쓰고 그린 책으로 《안녕, 외톨이》가 있고, 그린 책으로 《눈다래끼 팔아요》《처음 가진 열쇠》《어미 개》《나에게는 꿈이 있습니다》《가을이네 장 담그기》 등이 있습니다.

| 이 책에 대한 설명 |

우리가 살아가는 데 언어 습관은 무척 중요합니다. 특히 어릴 때 길들여진 언어 습관은 어른이 되어서도 이어질 정도로 큰 영향을 끼치지요.
이 책은 어린이들이 평소에 자주 쓰는 말과 글을 바르게 배울 수 있도록 재미난 이야기를 통해 알려 줍니다. 깊은 산속에 살던 늑대 '꼼마'가 글자를 배우러 학교에 가는 이야기 속에 어린이들이 반드시 알아야 할 말과 글이 담겨 있어요. 또 남의 말을 귀 기울여 듣고 즐겁게 대화를 하기 위해서는 어떻게 해야 하는지 어린이의 눈높이에 맞춰 보여 줍니다.

늑대를 만나 본 적 있니?
아마 대부분은 없을 거야.
그런데 늑대 하면 떠오르는 게 있지?
한가롭게 풀을 뜯는 양을 잡아먹고,
염소를 속이고, 거짓말을 잘하는
동화 속의 늑대 말이야.
그런데 그 재미있는 동화 때문에
늑대들은 눈에 잘 띄지 않는 깊은 산속에 숨어 살았어.
작고 귀여운 늑대 '꼬마'도 그랬지.

하지만 꼼마는 여느 이야기에 나오는 늑대와 달랐어.
사납기는커녕 오히려 친절했지.
누구에게나 반갑게 인사했어.

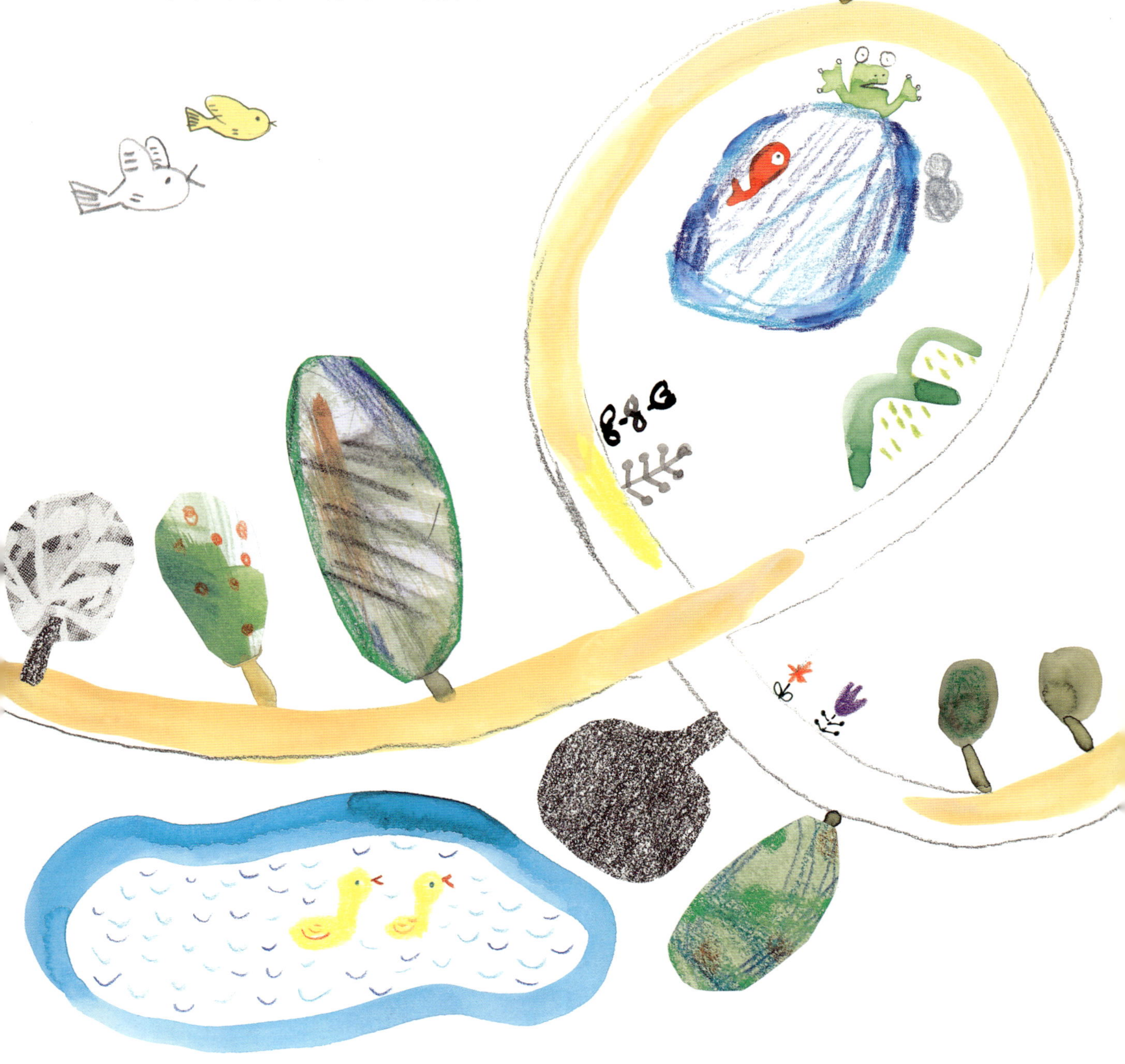

"안녕?"
그러나 다른 동물들은 꼼마를 경계했어.
"어이쿠! 늑대가 인사를 하다니."
"이번에는 또 무슨 속셈이람?"
참새랑 생쥐는 슬금슬금 꽁무니를 빼기 바빴지.
"얘, 얘들아……."
친절하게 불러 봐도 돌아오는 건 메아리뿐이었어.
꼼마는 외롭고 속상했어.
"너무해. 아무도 내 말은 들어주지 않아."

'무슨 좋은 방법이 없을까?'
꼼마는 오래도록 고민했어.
'너네들은 늑대를 너무 몰라.
동화 속에 나오는 늑대만 알지.
그렇다면 내가 새로운 늑대 이야기를 써야지.
누가 뭐래도 나는 늑대고,
나에 대해선 내가 제일 잘 아니까.
하지만 나는 글자를 하나도 모르는걸.'

보름달이 휘영청 떠오른 어느 날 밤,
꼼마는 '새로운 늑대 이야기'를 쓰기 위해 산을 넘었어.

인사말

다음 날 아침, 꼼마는 학교에 도착했어.
선생님이 교문 앞에서 아이들을 맞이하고 있었지.
"선생아, 안녕?"
꼼마가 반갑게 인사했어.
선생님이 딱딱한 얼굴로 꼼마에게 물었어.
"넌 어디서 왔니? 우리 학교 애가 아닌 것 같은데……."
"산에서 왔어. 학교에서 글 좀 배워 보려고.
학교에선 누구나 배울 수 있는 거지?"
선생님은 고개를 갸웃하며 교장실을 가리키면서 말했어.
"글쎄, 교장 선생님께 가 보렴."

"교장 선생아, 안녕?"
꼼마가 교장실로 헐레벌떡 뛰어들어 다짜고짜 말했어.
"나는 글을 몰라. 그래서 학교에 다니려고 해."
교장 선생님은 깜짝 놀랐지만 천천히 입을 뗐어.
"좋아. 모르면 배워야지. 당장 인사말부터 배워 보자꾸나.

어른과 인사할 때

어른을 만났을 때는
"안녕하세요?"

잠자리에 들기 전에는
"안녕히 주무세요."
자고 일어나서는
"안녕히 주무셨어요?"

밥을 먹기 전에는
"잘 먹겠습니다."
밥을 먹고 난 후에는
"잘 먹었습니다."

잘못을 저질렀을 때는
"죄송합니다."

친구나 동생과 인사할 때

친구나 동생을
만났을 때는
"안녕?"
"잘 지냈니?"

잠자리에 들기
전에는
"잘 자."
자고 일어나서는
"잘 잤니?"

친구나 동생이
넘어졌을 때는
"괜찮니?"
"다치지는 않았니?"

잘못했을 때는
"미안해."

올바른 언어 습관은 학교 생활의 기본이야."
꼼마는 교장 선생님을 따라 두 손을 배꼽에 대고 허리를 굽혔어.
"교장 선생님, 안녕하세요?"
"으음, 제법이군."
교장 선생님은 꼼마를 교실로 데려갔어.

높임말과 예사말

아이들이 눈을 반짝이며 꼼마를 쳐다봤어.
"얘들님, 안녕하세요?"
꼼마가 인사하자, 아이들이 웃음을 터뜨렸어.
"크하하, 얘들님이래."
"으히히, 웃겨. 어디서 저런 말을 배웠담?"
꼼마는 뾰족한 목소리를 냈어.
"나, 나는 '님'을 붙여 높임말을 했을 뿐이야."
그러자 선생님이 말했어.
"여러 사람을 높여서 부를 때는 '여러분'이라고 말하렴."
꼼마는 다시 인사했지.
"여러분, 안녕하세요?"

창가에 앉은 애가 손을 들고 물었어.
"넌 이름이 뭐니?"
"내 이름은 꼼마야."
소개가 끝나자, 선생님이 빈자리를 가리켰어.
"꼼마는 저기에 앉으렴."
"응, 알았어."
꼼마의 대답에 다시 한 번 교실이 발칵 뒤집혔어.
"으하하하, 선생님한테 반말이야."
"어른한테는 높임말을 써야지."
꼼마는 당황했지만 의젓하게 말했어.
"예, 알겠습니다."

엉뚱한 말

수업이 시작되자, 아이들은 선생님을 따라 책을 읽고
칠판에 쓴 것을 베껴 썼어.
꼼마도 따라 했지만 곧 지루해졌지.
뱃속에서는 꼬르륵 소리가 났어.
어제저녁부터 아무것도 먹지 못했거든.
그때 선생님이 질문을 했어.
"친구랑 싸웠을 때는 어떻게 해야 할까?"
꼼마가 큰 소리로 말했어.
"오늘 급식은 양고기가 나오면 좋겠어요!"

"뭐라고?"
선생님이 얼굴을 찌푸렸지만, 꼼마는 씩씩했어.
"급식은 언제 먹어요?"
"지금은 공부 시간이야.
그러니까 꼼마, 선생님 말에 집중해라."
하지만 꼼마는 아랑곳하지 않고 입맛을 다셨어.
"염소 고기도 괜찮은데!"
선생님이 엄한 표정을 지었어.
"말이 안 통하는군.
그렇게 계속 딴소리하면 쫓겨날 줄 알아."
결국 꼼마는 입을 꾹 다물었어.
'배고파서 그런 건데……'

맞춤법

꼼마는 열심히 글자를 배웠어.
며칠 뒤에는 받아쓰기를 할 정도가 되었지.
"우리 가치 사이조케 놀자."
꼼마는 자신 있게 글자를 써 내려갔어.
"오세 흘기 무더따."

채점을 마친 선생님이 공책을 돌려주었어.
꼼마는 공책을 보고 어리둥절했지.
공책에는 빨간 소나기가 주룩주룩 내리고 있었거든.
"이게 왜 틀린 거지?"

"맞춤법에 어긋났기 때문이야."
선생님은 글자를 고쳐 주었어.

우리 가치 사이조케 놀자. -> 우리 같이 사이좋게 놀자.
오세 흘기 무더따. -> 옷에 흙이 묻었다.

'맞춤법은 너무 어려운데……'
꼼마는 맞춤법이 싫었어.
그래서 볼을 잔뜩 부풀리다 억지를 부렸지.
"선생님, 왜 맞춤법에 맞게 써야 돼요?
그냥 소리 나는 대로 쓰면 안 돼요?"
"안 돼. 그럼 정확한 뜻을 전달할 수 없단다."
꼼마는 마지못해 고개를 끄덕였어.

1 하늘이 갑짜기어두워졌따 → 하늘이 갑자기 어두워졌다.

2 여우가 씩씩하게 뒤어왔어요 → 여우가 씩씩하게 뛰어왔어요.

3 커다란 개가 멍멍 지졌다 → 커다란 개가 멍멍 짖었다.

4 해도지를 보러 바다에 가씀다 → 해돋이를 보러 바다에 갔습니다.

5 옌날에는 무리 말가따 → 옛날에는 물이 맑았다.

6 아저씨는 거름이 무척 빨라써요 → 아저씨는 걸음이 무척 빨랐어요.

7 삼춘이 결혼을 함니다 → 삼촌이 결혼을 합니다.

8 채글 읽고 바블 머거따 → 책을 읽고 밥을 먹었다.

9 곤충은 어떠게 사라갈까? → 곤충은 어떻게 살아갈까?

10 마신는 냄새가 솔솔 새어나와따 → 맛있는 냄새가 솔솔 새어 나왔다.

띄어쓰기

이번에는 선생님이 꼼마가 쓴 글을 읽었어.
"편찮으신 아저씨 가죽을 드신다."
아이들이 킬킬대고 웃었어.
"가죽을 드신대."
"크크, 무슨 맛일까?"
꼼마는 기분이 안 좋았어.
"맞춤법에 맞게 썼는데 이번에는 또 뭐가 문제죠?"
"띄어쓰기를 잘못해서 완전히 다른 뜻이 되어 버린 거야."
선생님이 띄어쓰기를 고쳐 주었어.
"편찮으신 아저씨가 죽을 드신다."
꼼마는 한숨을 쉬었지.

1. 우리 아빠는 서울(아버지 합창단이야   → 우리 아빠는 서울시 아버지 합창단이야.

2. 나비 가위로 날아간다.   → 나비가 위로 날아간다.

3. 아기 다리 고기 다리 던 소풍   → 아 기다리고 기다리던 소풍

4. 오 월오일은 어린 이날이다.   → 오월 오일은 어린이날이다.

5. 학교 가는 길에비가 오기 시작했다.
   → 학교 가는 길에 비가 오기 시작했다.

6. 자동 차가 한 대지나간다.   → 자동차가 한 대 지나간다.

7. 어제 먹은게 똥 참외는 참 맛있었다
   → 어제 먹은 개똥참외는 참 맛있었다.

8. 너, 말한 번 잘했다.   → 너, 말 한번 잘했다.

9. 역시 엄마 밖에 없어.   → 역시 엄마밖에 없어.

10. 키가 홍만 하구나!   → 키가 형만 하구나!

고운 말 쓰기

쉬는 시간에 꼼마는 화장실에 갔어.
"야. 바보, 멍청아. 물 튀잖아."
정수와 철민이가 손을 씻으면서 욕을 했어.
"너도 튀거든. 이 똥개야."
꼼마는 둘의 말이 귀에 쏙쏙 들어왔어.
"에잇, 바보."
"에잇, 똥개."
꼼마는 정수와 철민이가 부러웠어.
욕하면서 장난을 치면 재미있을 것 같았지.
'어쩌면 친구를 사귈 수 있을지도 몰라.'

세면대에는 여러 아이들이 손을 씻고 있었어.
꼼마는 아이들 사이로 끼어들며 소리쳤어.
"야. 바보, 똥개, 멍청이 들아. 물 튀잖아."
손을 씻던 아이들이 일제히 꼼마를 쳐다봤어.
꼼마는 기대에 차서 아이들을 봤어.
하지만 아이들은 싸늘한 표정으로 뒤돌아섰어.
"나쁜 말을 하는 애랑 놀지 말자."
꼼마는 그제야 잘못을 알았지만
한 번 뱉은 말은 주워 담을 수 없었지.

줄임말

'멋진 말을 배울 거야.'
꼼마가 마음을 다잡으며 복도를 지날 때였어.
"너, 생선 준비했어?"
채우 말에 은성이가 이마를 쳤어.
"앗, 깜빡했다!"
채우가 은근한 목소리로 속삭였지.
"문상도 괜찮아."
"정말? 역시 넌 내 베프야."
두 사람의 암호 같은 말을 들으며 꼼마는 도서실로 들어갔어.
'줄임말은 재밌어. 나도 해 봐야지.'

도서실에는 책이 빼곡했어.
꼼마는 책꽂이를 살피다가 물었어.
"선생님, 《늑일새염》 좀 찾아 주세요!"
사서 선생님은 처음 들어 본 제목인 듯 검색을 하며 물었어.
"그런 책은 없는데……, 그게 정확한 제목이니?"
"원래는 《늑대와 일곱 마리 새끼 염소》예요."
"예끼, 이 녀석. 줄일 것을 줄여야지."
선생님은 어처구니없다는 표정으로 책을 건넸어.
"죄송합니다."
꼼마는 쥐구멍을 찾듯 도서실을 빠져나왔어.

칭찬과 사과

교실로 돌아온 꼼마는 책을 읽었어.
《늑대와 일곱 마리 새끼 염소》는 무척 재미있었어.
"아직도 집에 안 갔니?"
선생님 말씀에 꼼마는 고개를 들었어.
밖은 벌써 어둑어둑해지고 있었지.
"죄송해요, 선생님. 책을 읽다 보니 시간 가는 줄 몰랐어요."
"괜찮아. 벌써 그렇게 책을 읽다니 대단한걸."
"고맙습니다, 선생님. 안녕히 계세요."
칭찬을 들은 꼼마는 날 듯이 교실을 나섰어.

즐거운 대화

꼬마가 공원을 지날 때였어.
"엄마, 양떼구름이에요!"
산책을 나온 아이가 하늘을 가리켰어.
"양들이 소풍을 나온 모양이네."
엄마 말에 아이는 신이 났지.
"양들은 멀리멀리 소풍을 가요.
산을 넘고 바다를 건너서 가요.
그곳에는 늑대가 한 마리도 없어요."
"어머, 재미있구나. 어쩜 그렇게 이야기를 잘하니?"
아이는 좋아서 폴짝폴짝 뛰었어.

꼼마는 슬그머니 몸을 숨기고 하늘을 보았어.
역시 늑대는 한 마리도 없었지.
꼼마는 양떼구름을 보며 늑대 이야기를 시작했어.
"그때, 늑대는 학교에 갔어요.
새로운 늑대 이야기를 쓰고 싶었으니까요.
늑대는 어떻게 되었을까요?"

듣는 사람은 없었지만 꼼마는 행복했어.
쓰고 싶은 이야기가 새록새록 떠올랐거든.

어느 날 참새들이 산에서 내려왔어요.

꼼마를 따라 학교에 왔어요.

학교에서는 언어 습관이 중요했어요.

참새들은 꼼마를 보고 배웠어요.

처음에는 실수도 많았지만 차츰 좋아졌어요.

꼼마는 글을 읽고 쓰게 되었어요.

새로운 늑대 이야기를 쓸 거래요.

우리도 참새 이야기를 쓸 거예요.

기대해 주세요!

이럴 땐 어떻게 말할까?

꼼마는 자신이 겪은 일을 바탕으로
《이럴 땐 어떻게 말할까?》라는 책을 썼어.

책을 읽은 아이들은 모두 입을 모아 말했어.
"꼼마, 사랑해!"

| 부 록 |

꼼마가 어려워하는 받아쓰기

1. 봄이 되자 **아지랭이**가 아롱아롱 피어올랐어요.
   → 아지랑이
   맑은 봄날 얼음이 녹으면서 땅거죽과 공중에
   공기가 아른거리는 것은 아지랭이가 아니라 아지랑이입니다.

2. 매월 **세째** 주 금요일에 짝을 바꾸겠어요.
   → 셋째
   첫째, 둘째, 셋째, 넷째, 다섯째……,
   차례를 셀 때는 세째, 네째가 아니라 셋째, 넷째입니다.

3. 진짜 나이는 **비밀이예요**.
   → 비밀이에요.
   '비밀(이)에요'처럼 '이'가 들어가면 '에요',
   '숙제예요'처럼 '이'가 안 들어가면 '예요'입니다.

4. 영수는 오리를 **가르치며** 거위라고 말했어요.
   → 가리키며
   '가르치다'는 모르는 것을 알도록 하는 것이고,
   '가리키다'는 손가락 따위로 드러내 보이는 것이에요.

5. 고물 장사 일용 아저씨는 무척 친절해요.
-> 고물 장수
'장사'는 물건을 사고파는 일이고, '장수'는 장사하는 사람이에요.
그러니까 일용 아저씨는 고물 장수이지요.

6. 숙제가 끝나자 그제서야 마음이 편해졌어요.
-> 그제야
흔히 '그제서야'라고 말하지만, '그제야'가 맞는 표현입니다.
'그때에야 비로소'라는 뜻이지요.

7. 자명종 소리에 눈을 부비며 일어났어요.
-> 비비며
'비비다'가 표준어예요.

8. 아이들이 서로 경쟁이라도 하듯 목소리를 돋궈 이야기했어요.
-> 돋워
'돋구다'는 '안경의 도수 따위를 더 높게 하다'는 뜻으로 쓰여요.
'목소리를 높이다'란 뜻은 '돋우다'라고 표현하지요.

9. 동생과 예쁜 돌맹이를 주웠어요.
-> 돌멩이
돌덩이보다 작고 자갈보다 큰 돌을 '돌멩이'라고 합니다.
헷갈리기 쉬운 글자니까 잘 써야 해요.

10. 앗차, 그렇지. 또 실수했군.
-> 아차
잘못된 사실을 문득 깨달았을 때 하는 말은
'앗차'가 아니라, '아차'입니다.

꼬마의 언어 습관이 달라졌어요

1 꼬마가 가족들과 식사할 때

2 창밖에서 참새들이 짹짹거릴 때

3 엄마 아빠가 일찍 자라고 할 때

4 친구가 모르는 것을 물어볼 때

5 엄마 아빠가 장난감을 정리하라고 할 때

1 꼼마가 가족들과 식사할 때

저도 알아요.
음식을 꼭꼭 씹어 먹어야
소화도 잘되고
건강하지요.

2 창밖에서 참새들이 짹짹거릴 때

참새들아,
조용히 좀 해 줄래?
형이 공부하는 데
방해가 돼서 말이야.

3 엄마 아빠가 일찍 자라고 할 때

네, 하지만 조금만 더
놀다 잘게요.
아직은 잠이 안 와요.

4 친구가 모르는 것을 물어볼 때

그래,
내가 가르쳐 줄게.

5 엄마 아빠가 장난감을 정리하라고 할 때

네, 깨끗하게 정리할게요.

우리 꼼마가
달라졌어요.

스콜라 꼬마지식인 25
이럴 땐 어떻게 말할까?

초판 1쇄 발행 2017년 12월 30일 **초판 9쇄 발행** 2025년 7월 10일

글 김은의 **그림** 신민재
펴낸이 최순영

교양 학습 팀장 김솔미 **편집** 김숙영 **기획·편집** 주아나
키즈 디자인 팀장 이수현 **디자인** 오세라

펴낸곳 ㈜위즈덤하우스 **출판등록** 2000년 5월 23일 제13-1071호
주소 서울특별시 마포구 양화로 19 합정오피스빌딩 17층
전화 02)2179-5600
홈페이지 www.wisdomhouse.co.kr **전자우편** kids@wisdomhouse.co.kr

ⓒ 김은의·신민재, 2017
ISBN 978-89-6247-895-2 74080

* 이 책의 전부 또는 일부 내용을 재사용하려면 반드시 사전에 저작권자와
  ㈜위즈덤하우스의 동의를 받아야 합니다.
* 인쇄·제작 및 유통상의 파본 도서는 구입하신 서점에서 바꿔드립니다.
* 이 책의 사용 연령은 8~13세입니다.
* 책값은 뒤표지에 있습니다.